I0075440

(Conserver la couverture)

PROJET

DE

LOI ÉLECTORALE

PAR

HENRI JAHAN

Vice-président du Conseil de Préfecture de l'Allier.

MOULINS

IMPRIMERIE DE C. DESROSIERS

1872

PROJET

(Bibliothèque nationale — stamp)

DE

LOI ÉLECTORALE

Formation des listes électorales.

ART. 1er. — Du 1er au 15 janvier 1873, la liste
électorale sera dressée pour chaque commune par le
Maire, assisté des deux premiers Conseillers municipaux suivant l'ordre du tableau.

ART. 2. — Elle comprendra par ordre alphabé-
tique tous les français âgés de 25 ans accomplis (1),

(1) En vertu de la loi du 27 juillet 1872 sur le recrutement de l'armée, tout Français devant le service militaire
personnel, les hommes présents au corps ne devant prendre part à aucun vote, et l'incorporation dans l'armée
active durant cinq ans, il en résulte que l'âge de 25 ans
doit être admis ; s'il en était autrement, les exemptés, les
dispensés et les jeunes soldats renvoyés par anticipation
dans leurs foyers jouiraient d'un droit dont ne pourraient
pas profiter les hommes qui sont restés sous les drapeaux.

jouissant de leurs droits civils et politiques, domiciliés dans la commune depuis un an au moins, lors de la confection de la liste, et inscrits sur les rôles des contributions directes pour la cote personnelle et mobilière (1).

Seront aussi portés sur la liste électorale de la commune dans laquelle ils exerceront leurs fonctions, les fonctionnaires publics âgés de vingt-cinq ans, quelle que soit la durée de leur domicile dans la commune, et bien qu'ils ne soient pas encore inscrits sur les rôles de la contribution personnelle et mobilière.

Art. 3. — Chaque année, dans les quinze derniers jours de décembre, le trésorier-payeur général, par l'intermédiaire des percepteurs, adressera à chaque maire du département, une copie des rôles de la contribution personnelle et mobilière de la commune qui ont été en recouvrement dans l'année.

Dans les villes où le contingent personnel et mobilier est payé en totalité ou en partie par la caisse

(1) La contribution personnelle et mobilière est due par chaque habitant français, jouissant de ses droits, et non réputé indigent. (Loi du 21 avril 1832, art. 12.)

Si quelques citoyens, jouissant de leurs droits et ayant des moyens suffisants d'existence, se soustraient à cet impôt qu'ils devraient payer d'après la loi de 1832 et ne prennent pas part ainsi aux charges de l'Etat, c'est aux dépens des autres contribuables, puisque l'impôt personnel et mobilier est un impôt de répartition ; il n'y a donc pas lieu d'inscrire ces individus sur les listes électorales. On ne peut pas non plus y faire figurer les indigents, qui ne voteraient pas avec l'indépendance qu'on doit exiger dans toute élection.

municipale, l'état des imposables à la cote personnelle et mobilière, dressé par les commissaires répartiteurs, assistés du contrôleur des contributions directes, et qui sert à déterminer le contingent à payer par la caisse communale, sera soumis à la même époque au maire par le directeur des contributions directes. L'inscription sur l'état des imposables équivaudra à l'inscription au rôle de la taxe personnelle et mobilière.

La copie de ces rôles et de ces états servira au maire et à ses assesseurs, pour la formation et la révision des listes électorales.

ART. 4. — Ne seront pas inscrits sur les listes électorales :

1º Les individus privés de leurs droits civils et politiques par suite de condamnation, soit à des peines afflictives ou infamantes, soit à des peines infamantes seulement ;

2º Ceux auxquels les tribunaux jugeant correctionnellement ont interdit le droit de vote et d'élection par application des lois qui autorisent cette interdiction ;

3º Les condamnés pour crime à l'emprisonnement par application de l'art. 463 du code pénal ;

4º Ceux qui ont été condamnés à trois mois de prison par application des art. 318 et 423 du code pénal ;

5º Les condamnés pour vol, escroquerie, abus de confiance, soustraction commise par les dépositaires de deniers publics ou attentats aux mœurs prévus par les art. 330 et 334 du code pénal, quelle que soit la durée de l'emprisonnement auquel ils ont été condamnés ;

6° Les individus qui, par application de l'art. 8 de la loi du 17 mai 1819 et de l'art. 3 du décret du 11 août 1848, auront été condamnés pour outrage à la morale publique et religieuse ou aux bonnes mœurs, et pour attaque contre le principe de la propriété et les droits de la famille ;

7° Les individus condamnés à plus de trois mois d'emprisonnement en vertu des art. 76, 77, 78, 79, 81, 82, 83, 84, 85, 88 et 89 de la présente loi ;

8° Les notaires, greffiers et officiers ministériels destitués en vertu de jugements ou décisions judiciaires ;

9° Les condamnés pour vagabondage ou mendicité ;

10° Ceux qui auront été condamnés à trois mois de prison au moins par application des art. 439, 443, 444, 445, 446, 447 et 452 du code pénal ;

11° Ceux qui auront été déclarés coupables des délits prévus par les art. 410 et 411 du code pénal et par la loi du 21 mai 1836 portant prohibition des loteries ;

12° Les anciens militaires qui auraient été condamnés au boulet ou aux travaux publics ;

13° Les individus condamnés à l'emprisonnement par application des art. 38, 41, 43, 45 de la loi du 21 mars 1832 sur le recrutement de l'armée ;

14° Les individus condamnés à l'emprisonnement par application de l'art. 1er de la loi du 27 mars 1851 ;

15° Ceux qui ont été condamnés pour délit d'usure ;

16° Les interdits ;

17° Les faillis non réhabilités dont la faillite a été déclarée soit par les tribunaux français, soit par jugement rendu à l'étranger, mais exécutoire en France.

Art. 5. — Les condamnés à plus d'un mois d'emprisonnement pour rébellion, outrages et violences envers les dépositaires de l'autorité ou de la force publique, pour outrages publics envers un juré en raison de ses fonctions ou envers un témoin à raison de sa déposition, pour délits prévus par la loi sur les attroupements et la loi sur les clubs, et pour infraction à la loi sur le colportage, ne pourront être inscrits sur la liste électorale pendant cinq ans à dater de l'expiration de leur peine.

Art. 6. — Après l'expiration du délai porté à l'art. 1er, la liste dressée par le maire sera immédiatement déposée au secrétariat de la mairie pour y être communiquée à tout requérant ; elle pourra être copiée et reproduite par la voie de l'impression. Le jour même du dépôt de la liste, avis de ce dépôt sera donné par affiches apposées aux lieux accoutumés.

Art. 7. — Une copie de la liste et du procès-verbal constatant l'accomplissement des formalités prescrites par l'article précédent sera en même temps transmise au sous-préfet de l'arrondissement, qui l'adressera, dans les deux jours, avec ses observations, au préfet du département.

Art. 8. — Si le préfet estime que les formalités et les délais prescrits par la loi n'ont pas été observés, il devra, dans les deux jours de la réception de la liste, déférer les opérations du maire au conseil de préfecture du département, qui statuera dans les trois jours, et fixera, s'il y a lieu, le délai dans lequel les opérations annulées devront être refaites. Dans ce dernier cas, le conseil de préfecture pourra, par la même décision, réduire à cinq jours le terme pen-

dant lequel les citoyens devront prendre connais-
sance de la liste et former leurs réclamations ; il
pourra également ordonner que les réclamations
seront dans les trois jours de leur date portées devant
le juge de paix, directement et sans examen préa-
lable, par la commission municipale.

Art. 9. — Tout citoyen omis sur la liste pourra,
dans les dix jours à compter de l'apposition des affiches, présenter sa réclamation à la mairie. Dans le
même délai, tout électeur inscrit sur l'une des listes
du département pourra réclamer la radiation ou
l'inscription de tout individu omis ou indûment
inscrit.

Il sera ouvert, dans chaque mairie, un registre sur
lequel les réclamations seront inscrites par ordre de
date : le maire devra donner récépissé de chaque
réclamation.

Art. 10. — L'électeur dont l'inscription aura été
contestée en sera averti sans frais par le maire, et
pourra présenter ses observations. Les réclamations
seront jugées, dans les cinq jours, par une commission composée, à Paris, du maire et de deux adjoints ;
partout ailleurs, du maire et de deux membres du
conseil municipal désignés à cet effet par le conseil.

Art. 11. — Notification de la décision sera, dans
les trois jours, faite aux parties intéressées par le
ministère d'un agent assermenté. Elles pourront en
appeler dans les cinq jours de la notification.

Art. 12. — L'appel sera porté devant le juge de
paix du canton ; il sera formé par simple déclaration
au greffe ; le juge de paix statuera dans les dix jours,
sans frais ni formes de procédure, et sur simple aver-
tissement donné, trois jours à l'avance, à toutes les
parties intéressées. Toutefois, si la demande portée

devant lui implique la solution préjudicielle d'une question d'état, il renverra préalablement les parties à se pourvoir devant les juges compétents, et fixera un bref délai dans lequel la partie qui aura élevé la question préjudicielle devra justifier de ses diligences. Il sera procédé, en cette circonstance, conformément aux articles 855, 856, et 858 du code de procédure.

Art. 13. — La décision du juge de paix sera en dernier ressort, mais elle pourra être déférée à la cour de cassation.

Art. 14. — Le pourvoi ne sera recevable que s'il est formé dans les dix jours de la notification de la décision ; il ne sera pas suspensif. Il sera formé par simple requête, dispensé de l'intermédiaire d'un avocat à la Cour, et jugé d'urgence sans frais ni consignation d'amende.

Art. 15. — Tous les actes judiciaires seront, en matière électorale, dispensés du timbre et enregistrés gratis. Les extraits des actes de naissance nécessaires pour établir l'âge des électeurs, seront délivrés gratuitement, sur papier libre, à tout réclamant. Ils porteront en tête de leur texte, l'énonciation de leur destination spéciale, et ne seront admis pour aucune autre.

Art. 16. — Si la décision du maire a été réformée, le juge de paix en donnera avis au préfet et au maire dans les trois jours de la réformation.

Art. 17. — A l'expiration du dernier des délais fixés par les articles précédents, le maire opérera toutes les rectifications régulièrement ordonnées, transmettra au préfet le tableau de ces rectifications et arrêtera définitivement la liste électorale de la commune. Dans tous les cas et nonobstant toute ospèce de retard, les listes électorales pour toutes les communes seront closes et arrêtées le cinquantième jour qui suivra celui de la promulgation de la présente loi.

ART. 18. — La minute de la liste électorale reste déposée au secrétariat de la commune ; la copie et le tableau rectificatif transmis au préfet conformément aux art. 7 et 17 de la présente loi restent déposés à la préfecture. Communication en est toujours donnée aux citoyens qui la demandent.

Révision annuelle des listes électorales.

ART. 19. — Les listes électorales sont permanentes. Il ne peut y être fait de changement que lors de la révision annuelle ; cette révision s'opère conformément aux dispositions suivantes :

ART. 20. — Du 1er au 20 janvier de chaque année, le maire de chaque commune, assisté des deux premiers conseillers municipaux, ajoute à la liste électorale, d'après le rôle fourni par le trésorier-payeur général et l'état fourni par le directeur des contributions directes, les citoyens qu'il reconnaît avoir acquis les qualités exigées par la loi au 31 décembre précédent, et ceux qui auraient été omis précédemment. Il en retranche : 1o Ceux dont les noms ne figureraient plus sur le rôle de la contribution personnelle et mobilière ; 2o les individus décédés ; 3o ceux dont la radiation a été ordonnée par l'autorité compétente ; 4o ceux qui ont perdu les qualités requises ; 5o ceux qu'il reconnaît avoir été indûment inscrits, quoique leur inscription n'ait point été attaquée. Il tient un registre de toutes ces décisions, et y mentionne les motifs et les pièces à l'appui.

ART. 21. — Le tableau contenant les additions et les retranchements faits par le maire et les deux conseillers municipaux à la liste électorale est déposé au plus tard le 25 janvier au secrétariat de la commune. Il est ensuite procédé à l'égard de ce tableau conformément aux art. 6, 7, 8, 9, 10, 11, 12, 13, 14, 15, 16 de la présente loi.

ART. 22. — Le 31 mars de chaque année, le maire, assisté des deux premiers conseillers municipaux, opère toutes les rectifications régulièrement ordonnées, transmet au préfet le tableau de ces rectifications et arrête définitivement la liste électorale de la commune. Il est ensuite procédé conformément à l'art. 18 de la présente loi. La liste électorale reste jusqu'au 31 mars de l'année suivante, telle qu'elle a été arrêtée, sauf néanmoins les changements qui y auraient été ordonnés par décision du juge de paix, et sauf aussi la radiation des noms des électeurs décédés ou privés des droits civils et politiques par jugement ayant force de chose jugée. Les élections, à quelque époque de l'année qu'elles aient lieu, se font sur cette liste.

Des Colléges électoraux.

ART. 23. — Les colléges électoraux devront autant que possible être réunis un dimanche. Ils ne peuvent s'occuper que de l'élection pour laquelle ils sont réunis. Toutes discussions, toutes délibérations leur sont interdites. L'intervalle entre la promulgation de l'arrêté de convocation des colléges et l'ouverture des colléges est de vingt jours au moins.

Art. 24. — Les électeurs se réunissent au chef-lieu de leur commune. Chaque commune peut néanmoins être divisée par arrêté du préfet eu autant de sections que le rend nécessaire le nombre des électeurs inscrits ; l'arrêté pourra fixer le siége de ces sections hors du chef-lieu de la commune.

Art. 25. — Le président du collége ou de la section a seul la police de l'assemblée. Nulle force armée ne peut, sans son autorisation, être placée dans la salle du scrutin, ni à ses abords. Les autorités civiles et les commandants militaires sont tenus de déférer à ses réquisitions.

Art 26. — Chaque bureau électoral est composé d'un président, de quatre assesseurs, et d'un secrétaire choisi par eux, parmi les électeurs. Dans les délibérations du bureau le secrétaire n'a que voix consultative. Les colléges et sections sont présidés par le maire, adjoints et conseillers municipaux de la commune ; à leur défaut, les présidents sont désignés par le maire, parmi les électeurs sachant lire et écrire. A Paris, les sections sont présidées dans chaque arrondissement, par le maire, les adjoints, ou les électeurs désignés par eux. Les assesseurs sont pris, suivant l'ordre du tableau, parmi les conseillers municipaux sachant lire et écrire ; à leur défaut, les assesseurs sont les deux plus âgés et les deux plus jeunes électeurs présents sachant lire et écrire. A Paris, les fonctions d'assesseurs sont remplies dans chaque section par les deux plus âgés et les deux plus jeunes électeurs présents, sachant lire et écrire.

Art. 27. — Trois membres du bureau au moins

doivent être présents pendant tout le cours des opérations du collège.

ART. 28. — Le bureau prononce provisoirement sur les difficultés qui s'élèvent touchant les opérations du collège ou de la section. Ses décisions sont motivées. Toutes les réclamations et décisions sont insérées au procès-verbal ; les pièces ou bulletins qui s'y rapportent y sont annexés après avoir été parafés par le bureau.

ART. 29. — Pendant toute la durée des opérations électorales, une copie officielle de la liste des électeurs, contenant les nom, domicile et qualification de chacun des inscrits, reste déposée sur la table autour de laquelle siège le bureau.

ART. 30. — Tout électeur inscrit sur cette liste à le droit de prendre part au vote.

ART. 31. — Ce droit est suspendu : pour les détenus, pour les accusés contumax, et pour les personnes non interdites, mais retenues, en vertu de la loi du 30 juin 1838, dans un établissement public d'aliénés.

ART. 32. — Nul ne peut être admis à voter s'il n'est inscrit sur la liste.

ART. 33. — Toutefois, seront admis au vote, quoique non inscrits, les citoyens porteurs d'une décision du juge de paix ordonnant leur inscription, ou d'un arrêt de la cour de cassation annulant un jugement qui aurait prononcé une radiation.

ART. 34. — Nul électeur ne peut entrer dans le collège électoral, s'il est porteur d'armes quelconques.

ART. 35. — Les électeurs votent suivant leur ordre d'arrivée dans la salle du scrutin.

ART. 36. — Ils apportent leurs bulletins préparés

en dehors de l'assemblée. Le papier du bulletin doit être blanc et sans signes extérieurs.

Art. 37. — L'électeur remet au président son bulletin fermé. Le président le dépose dans la boîte du scrutin, laquelle doit, avant le commencement du vote, avoir été fermée à deux serrures, dont les clefs restent, l'une entre les mains du président, l'autre entre celles du scrutateur le plus âgé.

Art. 38. — Le vote de chaque électeur est constaté par la signature ou le paraphe de l'un des membres du bureau, apposé sur la liste, en marge du nom du votant.

Art. 39. — Le scrutin est ouvert pendant un jour seulement, de 7 heures du matin jusqu'à 6 heures du soir.

Art. 40. — Toutefois, le préfet, à raison de circonstances spéciales, pourra avancer l'heure de l'ouverture du scrutin. L'arrêté pris à cet effet sera affiché dans les communes, huit jours au moins avant l'élection.

Art. 41. — Chaque commune est tenue d'avoir une boîte de scrutin se fermant avec deux serrures. Le préfet inscrira d'office le montant de cette acquisition au budget des communes qui en seraient dépourvues.

Art. 42. — Avant l'ouverture du scrutin, le président du bureau électoral ouvre la boîte où doivent être déposés les votes, en présence des électeurs qui se trouvent dans la salle, afin qu'on puisse s'assurer qu'elle ne contient aucun bulletin.

Art. 43. — Après la clôture du scrutin, il est procédé au dépouillement de la manière suivante : la boîte du scrutin est ouverte et le nombre des bulletins vérifié. Si ce nombre est plus grand ou moindre que celui des votants, il en est fait mention au procès-verbal. Le bureau désigne parmi les électeurs présents un certain nombre de scrutateurs sachant lire et écrire, lesquels se divisent par table de quatre au moins. Le président répartit entre les diverses tables les bulletins à vérifier. A chaque table l'un des scrutateurs lit chaque bulletin à haute voix, et le passe à un autre scrutateur; les noms portés sur les bulletins sont relevés sur des listes préparées à cet effet.

Art. 44.— Le président et les membres du bureau surveillent l'opération du dépouillement. Néanmoins, dans les colléges ou sections où il se sera présenté moins de trois cents votants, le bureau pourra procéder lui-même, et sans l'intervention des scrutateurs supplémentaires au dépouillement du scrutin.

Art. 45.— Les tables sur lesquelles s'opère le dépouillement du scrutin sont disposées de telle sorte que les électeurs puissent circuler alentour.

Art. 46.— Sont valables, les bulletins contenant plus ou moins de noms qu'il n'y a de citoyens à élire. Les derniers noms inscrits au-delà de ce nombre ne sont pas comptés.

Art. 47.— Les bulletins blancs, ceux ne contenant pas une désignation suffisante, ou contenant une désignation ou une qualification inconstitutionnelle, ou dans lesquels les votants se font connaître, n'entrent point en compte dans le résultat du dépouillement, mais ils sont annexés au procès-verbal.

Art. 48.— Immédiatement après le dépouillement, le résultat du scrutin est rendu public, et les bulletins autres que ceux qui, conformément aux articles 28 et 47, doivent être annexés au procès-verbal, sont brûlés en présence des électeurs.

ART. 49.— Lorsqu'il y aura plusieurs sections dans une commune, le dépouillement du scrutin se fera dans chaque section. Le résultat sera immédiatement arrêté et signé par le bureau ; il sera ensuite porté par le président au bureau de la première section qui, en présence des présidents des autres sections opérera le recensement général des votes et en proclamera le résultat.

ART. 50.— Les procès-verbaux des opérations électorales de chaque commune sont rédigés en double. L'un de ces doubles reste déposé à la mairie ; l'autre double est adressé au sous-préfet qui le transmet immédiatement au préfet.

Quand il s'agit d'élections à la députation, le recensement général des votes est fait à la préfecture, en séance publique, par trois conseillers généraux désignés par le préfet. A Paris, le recensement est fait par le président du Conseil municipal assisté de deux conseillers municipaux.

S'il s'agit d'élections au Conseil général, le recensement des votes se fait au chef-lieu de canton, sous la présidence du maire du chef-lieu, assisté de deux conseillers municipaux.

ART. 51. — Dans toute élection, nul n'est élu au premier tour de scrutin, s'il n'a réuni : 1° la majorité absolue des suffrages exprimés ; 2° un nombre égal au quart de celui des électeurs inscrits et devant prendre part à l'élection.

ART. 52.— Le second tour de scrutin, quand il y aura lieu d'y procéder. aura toujourslieu le dimanche qui suivra l'élection qui n'a pas donné de résultat au premier tour de scrutin.

ART. 53.— Dans tous les cas où il y a concours

par égalité de suffrages, le plus âgé obtient la préférence.

ART. 54.— Ne prendront part à aucun vote, les militaires en activité de service, et les hommes retenus pour le service des ports ou de la flotte, en vertu de leur immatriculation sur les rôles de l'inscription maritime.

ART. 55.— Tout électeur âgé de moins de trente ans en 1875, de moins de 31 ans en 1876, et ainsi de suite d'année en année, sera tenu d'écrire lui-même le nom des candidats de son choix sur son bulletin de vote.

Une salle voisine de celle du scrutin sera préparée à cet effet, et il s'y tiendra un membre du bureau électoral qui empêchera toute espèce de fraude.

ART. 56. — Toute personne inscrite sur la liste électorale, et qui, à raison de son âge, devrait écrire elle-même son bulletin et ne pourrait le faire, sera néanmoins tenue de se présenter à chaque tour de scrutin dans la salle du vote sous peine de tomber sous l'application de l'article 58 de la présente loi. Il sera fait mention de sa présence sur la liste électorale à la colonne des observations, mais elle ne pourra pas prendre part au vote.

Du Vote.

ART. 57. — Voter n'est pas seulement un droit, c'est de plus un devoir.

ART. 58. — Tout électeur qui dans une élection, sans une des excuses prévues à l'art. suivant, n'aura pas pris part au vote, sera imposé d'office, pour chacun des tours de scrutin où il se sera abstenu, à une somme égale à la cote personnelle et mobilière qu'il paie dans la commune. Dans les villes où le contingent personnel et mobilier est payé par la caisse municipale, l'électeur qui se trouvera dans le cas mentionné dans le paragraphe précédent, sera imposé pour chacun des tours de scrutin où il se sera abstenu à la cote personnelle et mobilière qu'il aurait payée, si la ville n'avait pas pris cet impôt à sa charge.

Art. 59. — Les causes d'excuse sont : 1° la maladie ; 2° l'absence motivée par des affaires sérieuses et urgentes.

Sera dispensé de motiver son absence tout électeur qui, au moment du vote, se trouvera à plus de 100 kilomètres de son domicile électoral, et en fournira la preuve.

Art. 60. — Le deuxième dimanche qui suivra l'élection, une commission composée du maire et des deux premiers conseillers municipaux, suivant l'ordre du tableau, se réunira à la mairie, pour statuer sur les excuses qui lui seront présentées.

Art. 61. — Tout électeur qui n'aura pas pris part au vote, et qui aura fait valoir une cause d'excuse, sera prévenu dans le délai de quinze jours par une notification faite en la forme administrative de la décision qui aura été prise à son égard.

Art. 62. — Dans le même délai de quinze jours, une copie de ces décisions sera adressée par les soins du maire au sous-préfet de l'arrondissement, qui la transmettra avec son avis au préfet.

Le maire enverra en même temps au sous-préfet la liste nominative de tous les électeurs qui n'auront pas pris part au vote à chacun des tours de scrutin, et qui n'auront pas présenté d'excuses soit verbalement, soit par écrit.

Art. 63. — L'électeur dont l'excuse n'aura pas été déclarée valable par la commission pourra appeler de cette décision devant le conseil de préfecture dans le délai d'un mois, à partir de la notification qui lui en aura été faite.

Le préfet pourra également en appeler de toutes ces décisions devant la même juridiction.

Art. 64. — Le conseil de préfecture devra statuer dans le délai de deux mois sur tous les appels qui lui auront été soumis.

Art. 65. — Ces délais passés, le préfet adressera au directeur des contributions directes un état de tous les doublements de taxes personnelles et mobilières. Ces doublements de taxes seront recouvrés comme en matière de contributions directes.

Des élections à la députation.

Art. 66. — Il y aura un député par arrondissement.

Les villes dont la population dépasse 75,000 habitants seront divisées en autant d'arrondissements qu'il y aura de fois 75,000 âmes, et auront autant de députés que d'arrondissements. A Paris, le nombre des arrondissements reste fixé à 20. L'Algérie nommera trois députés.

Art. 67. — Sont éligibles : tous les électeurs âgés de trente ans, quel que soit le département dans lequel ils sont inscrits comme électeurs.

Art. 68. — Le député élu dans plusieurs départements doit faire connaître son option au président de l'assemblée nationale dans les dix jours qui suivent la déclaration de la validité de ces élections. A défaut d'option dans ce délai, la question est décidée par la voie du sort et en séance publique.

ART. 69. — En cas de vacance par option, décès, démission ou autrement, le collége électoral qui doit pourvoir à la vacance est réuni dans le délai de trois mois.

ART. 70. — Sera déchu de la qualité de membre de l'Assemblée nationale, tout député qui pendant la durée de son mandat aura été frappé d'une condamnation qui devra le faire rayer de la liste électorale. La déchéance sera prononcée par l'Assemblée nationale sur le vu des pièces justificatives.

ART. 71. — Toute fonction publique rétribuée est incompatible avec le mandat de député. Tous les fonctionnaires rétribués, tous les militaires sans distinction do grades, élus députés, seront réputés démissionnaires de leurs fonctions ou grades par le seul fait de leur admission comme membres de l'Assemblée nationale, s'ils n'ont pas opté avant la vérification de leurs pouvoirs. Toutefois, les fonctionnaires et les militaires qui y auraient droit, pourront, après leur option pour la députation, faire liquider leurs droits à la retraite. Tout député est réputé démissionnaire par le seul fait de l'acceptation de fonctions publiques salariées.

ART. 72. — Ne pourront être élus dans tout ou partie de leur ressort, pendant les six mois qui suivraient leur destitution, leur démission, ou tout autre changement de leur position, les fonctionnaires publics ci-après désignés : Les premiers présidents, les procureux généraux, les présidents des tribunaux civils et les procureurs de la république ; le préfet de police, les préfets et sous-préfets ; les archevêques, évêques et vicaires généraux, les officiers généraux commandant les divisions et subdivisions militaires, les préfets maritimes.

Des élections au Conseil général et au Conseil d'arrondissement.

ART. 73. — Sont éligibles au Conseil général et au Conseil d'arrondissement tous les citoyens inscrits sur une liste d'électeurs, âgés de 30 ans accomplis et domiciliés dans le département, et ceux qui, sans y être domiciliés, y sont inscrits au rôle d'une des contributions directes.

Toutefois le nombre des conseillers généraux et des conseillers d'arrondissement non domiciliés ne pourra dépasser le quart du nombre total dont chacun de ces conseils doit être composé.

ART. 74. — Ne peuvent être élus au Conseil général et au Conseil d'arrondissement tous les citoyens qui se trouvent dans un des cas d'incompatibilité prévus par la loi du 10 août 1871 sur les Conseils généraux.

Des élections municipales.

ART. 75. — Sont éligibles au Conseil municipal d'une commune, tous les électeurs âgés de 30 ans, inscrits sur la liste électorale de la dite commune.

Toutefois, il pourra être nommé dans un Conseil municipal sans être inscrit sur la liste électorale de la commune, un quart des membres qui le composeront, à la condition par les élus non domiciliés d'y être inscrits au rôle d'une des quatre contributions directes et d'y payer une de ces contributions.

Si le nombre des élus non domiciliés dépassait le quart des conseillers municipaux, l'élection des plus âgés jusqu'à concurrence du quart serait seule valable, et il serait procédé à une nouvelle élection pour remplacer les plus jeunes.

ART. 76. — Ne peuvent être élus membres du conseil municipal tous les citoyens qui se trouvent dans un des cas d'incapacité prévus par la loi du 5 mai 1855 et celle du 14 avril 1871, dont toutes les dispositions sont applicables, en ce qu'elles n'ont rien de contraire à la présente loi.

Dispositions pénales.

ART. 77. — Celui qui, déchu du droit de voter, soit par suite d'une condamnation judiciaire, soit par suite d'une faillite non suivie de réhabilitation, aura voté, soit en vertu d'une inscription sur les listes, antérieure à sa déchéance, soit en vertu d'une inscription postérieure, mais opérée sans sa participation, sera puni d'un emprisonnement de quinze jours à trois mois et d'une amende de 20 à 500 francs.

ART. 78. — Quiconque aura voté dans une assemblée électorale en prenant faussement les noms et qualités d'un électeur inscrit, sera puni d'un emprisonnement de six mois à deux ans et d'une amende de 200 à 2,000 francs.

ART. 79. — Sera puni de la même peine tout citoyen qui aura profité d'une inscription multiple pour voter plus d'une fois, ou qui sera convaincu d'avoir remis sciemment au président du bureau électoral plusieurs bulletins pour être déposés dans la boite du scrutin.

ART. 80. — Quiconque étant chargé dans un scrutin de recevoir, compter ou dépouiller les bulletins contenant les suffrages des citoyens, aura soustrait, ajouté ou altéré des bulletins, ou lu un nom autre que celui inscrit, sera puni d'un emprisonnement d'un an à cinq ans et d'une amende de 500 fr. à 5,000 francs.

ART. 81. — La même peine sera appliquée à tout individu qui, chargé par un électeur d'écrire son suffrage, aura inscrit sur le bulletin un nom autre que celui qui était désigné.

ART. 82. — L'entrée dans l'assemblée électorale avec armes apparentes est interdite. En cas d'infraction, le contrevenant sera passible d'une amende de 16 à 100 francs. La peine sera d'un emprisonnement de quinze jours à trois mois et d'une amende de 50 à 300 fr. si les armes étaient cachées.

ART. 83. — Quiconque aura donné, promis ou reçu des deniers, effets ou valeurs quelconques, sous la condition soit de donner ou de procurer un suffrage, soit de s'abstenir de voter, sera puni d'un emprisonnement de trois mois à deux ans, et d'une amende de 500 à 5,000 fr. Seront punis des mêmes peines, ceux qui, sous les mêmes conditions, auront fait ou accepté l'offre ou la promesse d'emplois publics ou privés. Si le coupable est fonctionnaire public, la peine sera du double.

ART. 84. — Ceux qui, soit par voies de fait, violences ou menaces contre un électeur, soit en lui faisant craindre de perdre son emploi ou d'exposer à un dommage sa personne, sa famille ou sa fortune, l'auront déterminé à s'abstenir de voter, ou auront influencé son vote, seront punis d'un emprisonnement d'un mois à un an et d'une amende de 100 à 1,000 francs ; la peine sera du double si le coupable est fonctionnaire public.

ART. 85. — Ceux qui à l'aide de fausses nouvelles, bruits calomnieux, ou autres manœuvres frauduleuses, auront surpris ou détourné des suffrages, déterminé un ou plusieurs électeurs à s'abstenir de voter, seront punis d'un emprisonnement d'un mois à un an, et d'une amende de 100 fr. à 2,000 francs.

ART. 86. — Lorsque par attroupements, clameurs ou démonstrations menaçantes, on aura troublé les opérations d'un collége électoral, porté atteinte à l'exercice du droit électoral ou à la liberté du vote, les coupables seront punis d'un emprisonnement de trois mois à deux ans, et d'une amende de 100 à 2,000 francs.

ART. 87. — Toute irruption dans un collége électoral, consommée ou tentée avec violence, en vue d'empêcher un choix, sera punie d'un emprisonnement d'un an à cinq ans et d'une amende de 1,000 fr. à 5,000 francs.

ART. 88. — Si les coupables étaient porteurs d'armes, ou si le scrutin a été violé, la peine sera la réclusion.

ART. 89. — Elle sera des travaux forcés à temps si le crime a été commis par suite d'un plan concerté pour être exécuté soit dans toute la République, soit dans un ou plusieurs départements, soit dans un ou plusieurs arrondissements.

ART. 90. — Les membres d'un collége électoral qui, pendant la réunion, se seront rendus coupables d'outrages ou de violences, soit envers le bureau, soit envers l'un de ses membres, ou qui, par voies de fait ou menace, auront retardé ou empêché les opérations électorales, seront punis d'un emprisonnement d'un mois à un an, et d'une amende de 100 à 2,000 francs. Si le scrutin a été violé, l'emprisonnement sera d'un an à cinq ans, et l'amende de 1,000 à 5,000 fr.

Art. 91. — L'enlèvement de l'urne contenant les suffrages émis et non encore dépouillés sera puni d'un emprisonnement d'un an à cinq ans, et d'une amende de 1,000 à 5,000 fr. Si cet enlèvement a été effectué en réunion ou avec violence, la peine sera la réclusion.

Art. 92. — La violation du scrutin faite, soit par les membres du bureau, soit par les agents de l'autorité, préposés à la garde des bulletins non encore dépouillés, sera punie de la réclusion.

Art. 93. — Les crimes prévus par la présente loi seront jugés par la cour d'assises et les délits par les tribunaux correctionnels; l'art. 463 du Code pénal pourra être appliqué.

Art. 94. — En cas de conviction de plusieurs crimes ou délits prévus par la présente loi et commis antérieurement au premier acte de poursuite, la peine la plus forte sera seule appliquée.

Art. 95. — L'action publique et l'action civile seront prescrites après trois mois, à partir du jour de la proclamation du résultat de l'élection.

Art. 96. — La condamnation, s'il en est prononcé, ne pourra, en aucun cas, avoir pour effet d'annuler l'élection déclarée valide par les pouvoirs compétents, ou dûment définitive, par l'absence de toute protestation régulière formée dans les délais voulus par les lois spéciales.

Art. 97. — Les lois antérieures sont abrogées en ce qu'elles ont de contraire aux dispositions de la présente loi.

FIN

www.ingramcontent.com/pod-product-compliance
Lightning Source LLC
Chambersburg PA
CBHW060533200326
41520CB00017B/5223

* 9 7 8 2 0 1 9 5 8 0 8 7 2 *